Meal Planner

Meal Planner: Plan Your Weekly Meals and Shopping List

ISBN: 978-1546986478

Created by Just Plan Books

About This Book

This meal and shopping list planner has been designed to make menu planning a breeze. Whether you are frustrated with the lack of variety in your diet or fed up with the last-minute dash to the shops every evening, this book will help organise your meals and reduce the stress in your life.

Planning for special dietary requirements is simple. Either use a separate planner page or a different coloured pen.

Weight loss is easy with this planner by your side. Organise your meals for the week to make sure you stay within your calorie allowance. Just remember to stick to your plan!

The shopping list has been split into sections making it easier to find what you're looking for while shopping and avoid the temptation of going off track or over budget.

Whatever your goal, this planner will help to reduce the stress in your life, improve your diet and reduce food waste.

Meal Planner

	Breakfast	Lunch	Dinner	Snacks
Mon				
Tues				
Weds				
Thurs				
Fri				
Sat				
Sun				

Shopping List

£ ....

Vegetables	Meat and Fish	Deli and Dairy
☐	☐	☐
☐	☐	☐
☐	☐	☐
☐	☐	☐
☐	☐	☐
☐	☐	☐
☐	☐	☐
☐	☐	☐
☐	☐	☐
☐	☐	☐
☐	☐	☐
☐	☐	☐
☐	☐	☐

Store Cupboard	Household	Other
☐	☐	☐
☐	☐	☐
☐	☐	☐
☐	☐	☐
☐	☐	☐
☐	☐	☐
☐	☐	☐
☐	☐	☐
☐	☐	☐
☐	☐	☐
☐	☐	☐
☐	☐	☐
☐	☐	☐

Meal Planner

	Breakfast	Lunch	Dinner	Snacks
Mon				
Tues				
Weds				
Thurs				
Fri				
Sat				
Sun				

Shopping List

£ ....

Vegetables	Meat and Fish	Deli and Dairy
☐	☐	☐
☐	☐	☐
☐	☐	☐
☐	☐	☐
☐	☐	☐
☐	☐	☐
☐	☐	☐
☐	☐	☐
☐	☐	☐
☐	☐	☐
☐	☐	☐
☐	☐	☐
☐	☐	☐

Store Cupboard	Household	Other
☐	☐	☐
☐	☐	☐
☐	☐	☐
☐	☐	☐
☐	☐	☐
☐	☐	☐
☐	☐	☐
☐	☐	☐
☐	☐	☐
☐	☐	☐
☐	☐	☐
☐	☐	☐
☐	☐	☐

Meal Planner

	Breakfast	Lunch	Dinner	Snacks
Mon				
Tues				
Weds				
Thurs				
Fri				
Sat				
Sun				

Shopping List

£ ....

Vegetables	Meat and Fish	Deli and Dairy
☐	☐	☐
☐	☐	☐
☐	☐	☐
☐	☐	☐
☐	☐	☐
☐	☐	☐
☐	☐	☐
☐	☐	☐
☐	☐	☐
☐	☐	☐
☐	☐	☐
☐	☐	☐
☐	☐	☐

Store Cupboard	Household	Other
☐	☐	☐
☐	☐	☐
☐	☐	☐
☐	☐	☐
☐	☐	☐
☐	☐	☐
☐	☐	☐
☐	☐	☐
☐	☐	☐
☐	☐	☐
☐	☐	☐
☐	☐	☐
☐	☐	☐

Meal Planner

	Breakfast	Lunch	Dinner	Snacks
Mon				
Tues				
Weds				
Thurs				
Fri				
Sat				
Sun				

Shopping List

£ ....

Vegetables	Meat and Fish	Deli and Dairy
☐	☐	☐
☐	☐	☐
☐	☐	☐
☐	☐	☐
☐	☐	☐
☐	☐	☐
☐	☐	☐
☐	☐	☐
☐	☐	☐
☐	☐	☐
☐	☐	☐
☐	☐	☐
☐	☐	☐

Store Cupboard	Household	Other
☐	☐	☐
☐	☐	☐
☐	☐	☐
☐	☐	☐
☐	☐	☐
☐	☐	☐
☐	☐	☐
☐	☐	☐
☐	☐	☐
☐	☐	☐
☐	☐	☐
☐	☐	☐
☐	☐	☐

Meal Planner

	Breakfast	Lunch	Dinner	Snacks
Mon				
Tues				
Weds				
Thurs				
Fri				
Sat				
Sun				

Shopping List

£ ....

Vegetables	Meat and Fish	Deli and Dairy
☐	☐	☐
☐	☐	☐
☐	☐	☐
☐	☐	☐
☐	☐	☐
☐	☐	☐
☐	☐	☐
☐	☐	☐
☐	☐	☐
☐	☐	☐
☐	☐	☐
☐	☐	☐
☐	☐	☐

Store Cupboard	Household	Other
☐	☐	☐
☐	☐	☐
☐	☐	☐
☐	☐	☐
☐	☐	☐
☐	☐	☐
☐	☐	☐
☐	☐	☐
☐	☐	☐
☐	☐	☐
☐	☐	☐
☐	☐	☐
☐	☐	☐

Meal Planner

	Breakfast	Lunch	Dinner	Snacks
Mon				
Tues				
Weds				
Thurs				
Fri				
Sat				
Sun				

Shopping List

£ ....

Vegetables	Meat and Fish	Deli and Dairy
☐	☐	☐
☐	☐	☐
☐	☐	☐
☐	☐	☐
☐	☐	☐
☐	☐	☐
☐	☐	☐
☐	☐	☐
☐	☐	☐
☐	☐	☐
☐	☐	☐
☐	☐	☐
☐	☐	☐

Store Cupboard	Household	Other
☐	☐	☐
☐	☐	☐
☐	☐	☐
☐	☐	☐
☐	☐	☐
☐	☐	☐
☐	☐	☐
☐	☐	☐
☐	☐	☐
☐	☐	☐
☐	☐	☐
☐	☐	☐
☐	☐	☐

Meal Planner

	Breakfast	Lunch	Dinner	Snacks
Mon				
Tues				
Weds				
Thurs				
Fri				
Sat				
Sun				

Shopping List

£ ....

Vegetables	Meat and Fish	Deli and Dairy
☐	☐	☐
☐	☐	☐
☐	☐	☐
☐	☐	☐
☐	☐	☐
☐	☐	☐
☐	☐	☐
☐	☐	☐
☐	☐	☐
☐	☐	☐
☐	☐	☐
☐	☐	☐
☐	☐	☐

Store Cupboard	Household	Other
☐	☐	☐
☐	☐	☐
☐	☐	☐
☐	☐	☐
☐	☐	☐
☐	☐	☐
☐	☐	☐
☐	☐	☐
☐	☐	☐
☐	☐	☐
☐	☐	☐
☐	☐	☐
☐	☐	☐

Meal Planner

	Breakfast	Lunch	Dinner	Snacks
Mon				
Tues				
Weds				
Thurs				
Fri				
Sat				
Sun				

Shopping List

£ ....

Vegetables	Meat and Fish	Deli and Dairy
☐	☐	☐
☐	☐	☐
☐	☐	☐
☐	☐	☐
☐	☐	☐
☐	☐	☐
☐	☐	☐
☐	☐	☐
☐	☐	☐
☐	☐	☐
☐	☐	☐
☐	☐	☐
☐	☐	☐

Store Cupboard	Household	Other
☐	☐	☐
☐	☐	☐
☐	☐	☐
☐	☐	☐
☐	☐	☐
☐	☐	☐
☐	☐	☐
☐	☐	☐
☐	☐	☐
☐	☐	☐
☐	☐	☐
☐	☐	☐
☐	☐	☐

Meal Planner

	Breakfast	Lunch	Dinner	Snacks
Mon				
Tues				
Weds				
Thurs				
Fri				
Sat				
Sun				

Shopping List

£ ....

Vegetables	Meat and Fish	Deli and Dairy
☐	☐	☐
☐	☐	☐
☐	☐	☐
☐	☐	☐
☐	☐	☐
☐	☐	☐
☐	☐	☐
☐	☐	☐
☐	☐	☐
☐	☐	☐
☐	☐	☐
☐	☐	☐
☐	☐	☐

Store Cupboard	Household	Other
☐	☐	☐
☐	☐	☐
☐	☐	☐
☐	☐	☐
☐	☐	☐
☐	☐	☐
☐	☐	☐
☐	☐	☐
☐	☐	☐
☐	☐	☐
☐	☐	☐
☐	☐	☐
☐	☐	☐

Meal Planner

	Breakfast	Lunch	Dinner	Snacks
Mon				
Tues				
Weds				
Thurs				
Fri				
Sat				
Sun				

Shopping List

£ ....

Vegetables	Meat and Fish	Deli and Dairy
☐	☐	☐
☐	☐	☐
☐	☐	☐
☐	☐	☐
☐	☐	☐
☐	☐	☐
☐	☐	☐
☐	☐	☐
☐	☐	☐
☐	☐	☐
☐	☐	☐
☐	☐	☐
☐	☐	☐

Store Cupboard	Household	Other
☐	☐	☐
☐	☐	☐
☐	☐	☐
☐	☐	☐
☐	☐	☐
☐	☐	☐
☐	☐	☐
☐	☐	☐
☐	☐	☐
☐	☐	☐
☐	☐	☐
☐	☐	☐
☐	☐	☐

Meal Planner

	Breakfast	Lunch	Dinner	Snacks
Mon				
Tues				
Weds				
Thurs				
Fri				
Sat				
Sun				

Shopping List

£ ....

Vegetables	Meat and Fish	Deli and Dairy
☐	☐	☐
☐	☐	☐
☐	☐	☐
☐	☐	☐
☐	☐	☐
☐	☐	☐
☐	☐	☐
☐	☐	☐
☐	☐	☐
☐	☐	☐
☐	☐	☐
☐	☐	☐
☐	☐	☐

Store Cupboard	Household	Other
☐	☐	☐
☐	☐	☐
☐	☐	☐
☐	☐	☐
☐	☐	☐
☐	☐	☐
☐	☐	☐
☐	☐	☐
☐	☐	☐
☐	☐	☐
☐	☐	☐
☐	☐	☐
☐	☐	☐

Meal Planner

	Breakfast	Lunch	Dinner	Snacks
Mon				
Tues				
Weds				
Thurs				
Fri				
Sat				
Sun				

Shopping List

£ ....

Vegetables	Meat and Fish	Deli and Dairy
☐	☐	☐
☐	☐	☐
☐	☐	☐
☐	☐	☐
☐	☐	☐
☐	☐	☐
☐	☐	☐
☐	☐	☐
☐	☐	☐
☐	☐	☐
☐	☐	☐
☐	☐	☐
☐	☐	☐

Store Cupboard	Household	Other
☐	☐	☐
☐	☐	☐
☐	☐	☐
☐	☐	☐
☐	☐	☐
☐	☐	☐
☐	☐	☐
☐	☐	☐
☐	☐	☐
☐	☐	☐
☐	☐	☐
☐	☐	☐
☐	☐	☐

Meal Planner

	Breakfast	Lunch	Dinner	Snacks
Mon				
Tues				
Weds				
Thurs				
Fri				
Sat				
Sun				

Shopping List

£ ....

Vegetables	Meat and Fish	Deli and Dairy
☐	☐	☐
☐	☐	☐
☐	☐	☐
☐	☐	☐
☐	☐	☐
☐	☐	☐
☐	☐	☐
☐	☐	☐
☐	☐	☐
☐	☐	☐
☐	☐	☐
☐	☐	☐
☐	☐	☐

Store Cupboard	Household	Other
☐	☐	☐
☐	☐	☐
☐	☐	☐
☐	☐	☐
☐	☐	☐
☐	☐	☐
☐	☐	☐
☐	☐	☐
☐	☐	☐
☐	☐	☐
☐	☐	☐
☐	☐	☐
☐	☐	☐

Meal Planner

	Breakfast	Lunch	Dinner	Snacks
Mon				
Tues				
Weds				
Thurs				
Fri				
Sat				
Sun				

Shopping List

£ ....

Vegetables	Meat and Fish	Deli and Dairy
☐	☐	☐
☐	☐	☐
☐	☐	☐
☐	☐	☐
☐	☐	☐
☐	☐	☐
☐	☐	☐
☐	☐	☐
☐	☐	☐
☐	☐	☐
☐	☐	☐
☐	☐	☐
☐	☐	☐

Store Cupboard	Household	Other
☐	☐	☐
☐	☐	☐
☐	☐	☐
☐	☐	☐
☐	☐	☐
☐	☐	☐
☐	☐	☐
☐	☐	☐
☐	☐	☐
☐	☐	☐
☐	☐	☐
☐	☐	☐
☐	☐	☐

Meal Planner

	Breakfast	Lunch	Dinner	Snacks
Mon				
Tues				
Weds				
Thurs				
Fri				
Sat				
Sun				

Shopping List

£ ....

Vegetables	Meat and Fish	Deli and Dairy

Store Cupboard	Household	Other

Meal Planner

	Breakfast	Lunch	Dinner	Snacks
Mon				
Tues				
Weds				
Thurs				
Fri				
Sat				
Sun				

Shopping List

£ ....

Vegetables	Meat and Fish	Deli and Dairy
☐	☐	☐
☐	☐	☐
☐	☐	☐
☐	☐	☐
☐	☐	☐
☐	☐	☐
☐	☐	☐
☐	☐	☐
☐	☐	☐
☐	☐	☐
☐	☐	☐
☐	☐	☐
☐	☐	☐

Store Cupboard	Household	Other
☐	☐	☐
☐	☐	☐
☐	☐	☐
☐	☐	☐
☐	☐	☐
☐	☐	☐
☐	☐	☐
☐	☐	☐
☐	☐	☐
☐	☐	☐
☐	☐	☐
☐	☐	☐
☐	☐	☐

Meal Planner

	Breakfast	Lunch	Dinner	Snacks
Mon				
Tues				
Weds				
Thurs				
Fri				
Sat				
Sun				

Shopping List

£ ....

Vegetables	Meat and Fish	Deli and Dairy
☐	☐	☐
☐	☐	☐
☐	☐	☐
☐	☐	☐
☐	☐	☐
☐	☐	☐
☐	☐	☐
☐	☐	☐
☐	☐	☐
☐	☐	☐
☐	☐	☐
☐	☐	☐
☐	☐	☐

Store Cupboard	Household	Other
☐	☐	☐
☐	☐	☐
☐	☐	☐
☐	☐	☐
☐	☐	☐
☐	☐	☐
☐	☐	☐
☐	☐	☐
☐	☐	☐
☐	☐	☐
☐	☐	☐
☐	☐	☐
☐	☐	☐

Meal Planner

	Breakfast	Lunch	Dinner	Snacks
Mon				
Tues				
Weds				
Thurs				
Fri				
Sat				
Sun				

Shopping List

£ ....

Vegetables	Meat and Fish	Deli and Dairy
☐	☐	☐
☐	☐	☐
☐	☐	☐
☐	☐	☐
☐	☐	☐
☐	☐	☐
☐	☐	☐
☐	☐	☐
☐	☐	☐
☐	☐	☐
☐	☐	☐
☐	☐	☐
☐	☐	☐

Store Cupboard	Household	Other
☐	☐	☐
☐	☐	☐
☐	☐	☐
☐	☐	☐
☐	☐	☐
☐	☐	☐
☐	☐	☐
☐	☐	☐
☐	☐	☐
☐	☐	☐
☐	☐	☐
☐	☐	☐
☐	☐	☐

Meal Planner

	Breakfast	Lunch	Dinner	Snacks
Mon				
Tues				
Weds				
Thurs				
Fri				
Sat				
Sun				

Shopping List

£ ....

Vegetables	Meat and Fish	Deli and Dairy
☐	☐	☐
☐	☐	☐
☐	☐	☐
☐	☐	☐
☐	☐	☐
☐	☐	☐
☐	☐	☐
☐	☐	☐
☐	☐	☐
☐	☐	☐
☐	☐	☐
☐	☐	☐
☐	☐	☐

Store Cupboard	Household	Other
☐	☐	☐
☐	☐	☐
☐	☐	☐
☐	☐	☐
☐	☐	☐
☐	☐	☐
☐	☐	☐
☐	☐	☐
☐	☐	☐
☐	☐	☐
☐	☐	☐
☐	☐	☐
☐	☐	☐

Meal Planner

	Breakfast	Lunch	Dinner	Snacks
Mon				
Tues				
Weds				
Thurs				
Fri				
Sat				
Sun				

Shopping List

£ ....

Vegetables	Meat and Fish	Deli and Dairy
☐	☐	☐
☐	☐	☐
☐	☐	☐
☐	☐	☐
☐	☐	☐
☐	☐	☐
☐	☐	☐
☐	☐	☐
☐	☐	☐
☐	☐	☐
☐	☐	☐
☐	☐	☐
☐	☐	☐

Store Cupboard	Household	Other
☐	☐	☐
☐	☐	☐
☐	☐	☐
☐	☐	☐
☐	☐	☐
☐	☐	☐
☐	☐	☐
☐	☐	☐
☐	☐	☐
☐	☐	☐
☐	☐	☐
☐	☐	☐
☐	☐	☐

Meal Planner

	Breakfast	Lunch	Dinner	Snacks
Mon				
Tues				
Weds				
Thurs				
Fri				
Sat				
Sun				

Shopping List

£ ....

Vegetables	Meat and Fish	Deli and Dairy
☐	☐	☐
☐	☐	☐
☐	☐	☐
☐	☐	☐
☐	☐	☐
☐	☐	☐
☐	☐	☐
☐	☐	☐
☐	☐	☐
☐	☐	☐
☐	☐	☐
☐	☐	☐
☐	☐	☐

Store Cupboard	Household	Other
☐	☐	☐
☐	☐	☐
☐	☐	☐
☐	☐	☐
☐	☐	☐
☐	☐	☐
☐	☐	☐
☐	☐	☐
☐	☐	☐
☐	☐	☐
☐	☐	☐
☐	☐	☐
☐	☐	☐

Meal Planner

	Breakfast	Lunch	Dinner	Snacks
Mon				
Tues				
Weds				
Thurs				
Fri				
Sat				
Sun				

Shopping List

£ ....

Vegetables	Meat and Fish	Deli and Dairy
☐	☐	☐
☐	☐	☐
☐	☐	☐
☐	☐	☐
☐	☐	☐
☐	☐	☐
☐	☐	☐
☐	☐	☐
☐	☐	☐
☐	☐	☐
☐	☐	☐
☐	☐	☐
☐	☐	☐

Store Cupboard	Household	Other
☐	☐	☐
☐	☐	☐
☐	☐	☐
☐	☐	☐
☐	☐	☐
☐	☐	☐
☐	☐	☐
☐	☐	☐
☐	☐	☐
☐	☐	☐
☐	☐	☐
☐	☐	☐
☐	☐	☐

Meal Planner

	Breakfast	Lunch	Dinner	Snacks
Mon				
Tues				
Weds				
Thurs				
Fri				
Sat				
Sun				

Shopping List

£ ....

Vegetables	Meat and Fish	Deli and Dairy
☐	☐	☐
☐	☐	☐
☐	☐	☐
☐	☐	☐
☐	☐	☐
☐	☐	☐
☐	☐	☐
☐	☐	☐
☐	☐	☐
☐	☐	☐
☐	☐	☐
☐	☐	☐
☐	☐	☐

Store Cupboard	Household	Other
☐	☐	☐
☐	☐	☐
☐	☐	☐
☐	☐	☐
☐	☐	☐
☐	☐	☐
☐	☐	☐
☐	☐	☐
☐	☐	☐
☐	☐	☐
☐	☐	☐
☐	☐	☐
☐	☐	☐

Meal Planner

	Breakfast	Lunch	Dinner	Snacks
Mon				
Tues				
Weds				
Thurs				
Fri				
Sat				
Sun				

Shopping List

£ ....

Vegetables	Meat and Fish	Deli and Dairy
☐	☐	☐
☐	☐	☐
☐	☐	☐
☐	☐	☐
☐	☐	☐
☐	☐	☐
☐	☐	☐
☐	☐	☐
☐	☐	☐
☐	☐	☐
☐	☐	☐
☐	☐	☐
☐	☐	☐

Store Cupboard	Household	Other
☐	☐	☐
☐	☐	☐
☐	☐	☐
☐	☐	☐
☐	☐	☐
☐	☐	☐
☐	☐	☐
☐	☐	☐
☐	☐	☐
☐	☐	☐
☐	☐	☐
☐	☐	☐
☐	☐	☐

Meal Planner

	Breakfast	Lunch	Dinner	Snacks
Mon				
Tues				
Weds				
Thurs				
Fri				
Sat				
Sun				

Shopping List

£ ....

Vegetables	Meat and Fish	Deli and Dairy
☐	☐	☐
☐	☐	☐
☐	☐	☐
☐	☐	☐
☐	☐	☐
☐	☐	☐
☐	☐	☐
☐	☐	☐
☐	☐	☐
☐	☐	☐
☐	☐	☐
☐	☐	☐
☐	☐	☐

Store Cupboard	Household	Other
☐	☐	☐
☐	☐	☐
☐	☐	☐
☐	☐	☐
☐	☐	☐
☐	☐	☐
☐	☐	☐
☐	☐	☐
☐	☐	☐
☐	☐	☐
☐	☐	☐
☐	☐	☐
☐	☐	☐

Meal Planner

	Breakfast	Lunch	Dinner	Snacks
Mon				
Tues				
Weds				
Thurs				
Fri				
Sat				
Sun				

Shopping List

£ ....

Vegetables	Meat and Fish	Deli and Dairy
☐	☐	☐
☐	☐	☐
☐	☐	☐
☐	☐	☐
☐	☐	☐
☐	☐	☐
☐	☐	☐
☐	☐	☐
☐	☐	☐
☐	☐	☐
☐	☐	☐
☐	☐	☐
☐	☐	☐

Store Cupboard	Household	Other
☐	☐	☐
☐	☐	☐
☐	☐	☐
☐	☐	☐
☐	☐	☐
☐	☐	☐
☐	☐	☐
☐	☐	☐
☐	☐	☐
☐	☐	☐
☐	☐	☐
☐	☐	☐
☐	☐	☐

Meal Planner

	Breakfast	Lunch	Dinner	Snacks
Mon				
Tues				
Weds				
Thurs				
Fri				
Sat				
Sun				

Shopping List

£ ....

Vegetables	Meat and Fish	Deli and Dairy
☐	☐	☐
☐	☐	☐
☐	☐	☐
☐	☐	☐
☐	☐	☐
☐	☐	☐
☐	☐	☐
☐	☐	☐
☐	☐	☐
☐	☐	☐
☐	☐	☐
☐	☐	☐
☐	☐	☐

Store Cupboard	Household	Other
☐	☐	☐
☐	☐	☐
☐	☐	☐
☐	☐	☐
☐	☐	☐
☐	☐	☐
☐	☐	☐
☐	☐	☐
☐	☐	☐
☐	☐	☐
☐	☐	☐
☐	☐	☐
☐	☐	☐

Meal Planner

	Breakfast	Lunch	Dinner	Snacks
Mon				
Tues				
Weds				
Thurs				
Fri				
Sat				
Sun				

Shopping List

£ ....

Vegetables	Meat and Fish	Deli and Dairy
☐	☐	☐
☐	☐	☐
☐	☐	☐
☐	☐	☐
☐	☐	☐
☐	☐	☐
☐	☐	☐
☐	☐	☐
☐	☐	☐
☐	☐	☐
☐	☐	☐
☐	☐	☐
☐	☐	☐

Store Cupboard	Household	Other
☐	☐	☐
☐	☐	☐
☐	☐	☐
☐	☐	☐
☐	☐	☐
☐	☐	☐
☐	☐	☐
☐	☐	☐
☐	☐	☐
☐	☐	☐
☐	☐	☐
☐	☐	☐
☐	☐	☐

Meal Planner

	Breakfast	Lunch	Dinner	Snacks
Mon				
Tues				
Weds				
Thurs				
Fri				
Sat				
Sun				

Shopping List

£ ....

Vegetables	Meat and Fish	Deli and Dairy
☐	☐	☐
☐	☐	☐
☐	☐	☐
☐	☐	☐
☐	☐	☐
☐	☐	☐
☐	☐	☐
☐	☐	☐
☐	☐	☐
☐	☐	☐
☐	☐	☐
☐	☐	☐
☐	☐	☐

Store Cupboard	Household	Other
☐	☐	☐
☐	☐	☐
☐	☐	☐
☐	☐	☐
☐	☐	☐
☐	☐	☐
☐	☐	☐
☐	☐	☐
☐	☐	☐
☐	☐	☐
☐	☐	☐
☐	☐	☐
☐	☐	☐

Meal Planner

	Breakfast	Lunch	Dinner	Snacks
Mon				
Tues				
Weds				
Thurs				
Fri				
Sat				
Sun				

Shopping List

£ ....

Vegetables	Meat and Fish	Deli and Dairy
☐	☐	☐
☐	☐	☐
☐	☐	☐
☐	☐	☐
☐	☐	☐
☐	☐	☐
☐	☐	☐
☐	☐	☐
☐	☐	☐
☐	☐	☐
☐	☐	☐
☐	☐	☐
☐	☐	☐

Store Cupboard	Household	Other
☐	☐	☐
☐	☐	☐
☐	☐	☐
☐	☐	☐
☐	☐	☐
☐	☐	☐
☐	☐	☐
☐	☐	☐
☐	☐	☐
☐	☐	☐
☐	☐	☐
☐	☐	☐
☐	☐	☐

Meal Planner

	Breakfast	Lunch	Dinner	Snacks
Mon				
Tues				
Weds				
Thurs				
Fri				
Sat				
Sun				

Shopping List

£ ....

Vegetables	Meat and Fish	Deli and Dairy
☐	☐	☐
☐	☐	☐
☐	☐	☐
☐	☐	☐
☐	☐	☐
☐	☐	☐
☐	☐	☐
☐	☐	☐
☐	☐	☐
☐	☐	☐
☐	☐	☐
☐	☐	☐
☐	☐	☐

Store Cupboard	Household	Other
☐	☐	☐
☐	☐	☐
☐	☐	☐
☐	☐	☐
☐	☐	☐
☐	☐	☐
☐	☐	☐
☐	☐	☐
☐	☐	☐
☐	☐	☐
☐	☐	☐
☐	☐	☐
☐	☐	☐

Meal Planner

	Breakfast	Lunch	Dinner	Snacks
Mon				
Tues				
Weds				
Thurs				
Fri				
Sat				
Sun				

Shopping List

£ ....

Vegetables	Meat and Fish	Deli and Dairy
☐	☐	☐
☐	☐	☐
☐	☐	☐
☐	☐	☐
☐	☐	☐
☐	☐	☐
☐	☐	☐
☐	☐	☐
☐	☐	☐
☐	☐	☐
☐	☐	☐
☐	☐	☐
☐	☐	☐

Store Cupboard	Household	Other
☐	☐	☐
☐	☐	☐
☐	☐	☐
☐	☐	☐
☐	☐	☐
☐	☐	☐
☐	☐	☐
☐	☐	☐
☐	☐	☐
☐	☐	☐
☐	☐	☐
☐	☐	☐
☐	☐	☐

Meal Planner

	Breakfast	Lunch	Dinner	Snacks
Mon				
Tues				
Weds				
Thurs				
Fri				
Sat				
Sun				

Shopping List

£ ....

Vegetables	Meat and Fish	Deli and Dairy
☐	☐	☐
☐	☐	☐
☐	☐	☐
☐	☐	☐
☐	☐	☐
☐	☐	☐
☐	☐	☐
☐	☐	☐
☐	☐	☐
☐	☐	☐
☐	☐	☐
☐	☐	☐
☐	☐	☐

Store Cupboard	Household	Other
☐	☐	☐
☐	☐	☐
☐	☐	☐
☐	☐	☐
☐	☐	☐
☐	☐	☐
☐	☐	☐
☐	☐	☐
☐	☐	☐
☐	☐	☐
☐	☐	☐
☐	☐	☐
☐	☐	☐

Meal Planner

	Breakfast	Lunch	Dinner	Snacks
Mon				
Tues				
Weds				
Thurs				
Fri				
Sat				
Sun				

Shopping List

£ ....

Vegetables	Meat and Fish	Deli and Dairy
☐	☐	☐
☐	☐	☐
☐	☐	☐
☐	☐	☐
☐	☐	☐
☐	☐	☐
☐	☐	☐
☐	☐	☐
☐	☐	☐
☐	☐	☐
☐	☐	☐
☐	☐	☐
☐	☐	☐

Store Cupboard	Household	Other
☐	☐	☐
☐	☐	☐
☐	☐	☐
☐	☐	☐
☐	☐	☐
☐	☐	☐
☐	☐	☐
☐	☐	☐
☐	☐	☐
☐	☐	☐
☐	☐	☐
☐	☐	☐
☐	☐	☐

Meal Planner

	Breakfast	Lunch	Dinner	Snacks
Mon				
Tues				
Weds				
Thurs				
Fri				
Sat				
Sun				

Shopping List

£ ....

Vegetables	Meat and Fish	Deli and Dairy
☐	☐	☐
☐	☐	☐
☐	☐	☐
☐	☐	☐
☐	☐	☐
☐	☐	☐
☐	☐	☐
☐	☐	☐
☐	☐	☐
☐	☐	☐
☐	☐	☐
☐	☐	☐
☐	☐	☐

Store Cupboard	Household	Other
☐	☐	☐
☐	☐	☐
☐	☐	☐
☐	☐	☐
☐	☐	☐
☐	☐	☐
☐	☐	☐
☐	☐	☐
☐	☐	☐
☐	☐	☐
☐	☐	☐
☐	☐	☐
☐	☐	☐

Meal Planner

	Breakfast	Lunch	Dinner	Snacks
Mon				
Tues				
Weds				
Thurs				
Fri				
Sat				
Sun				

Shopping List

£ ....

Vegetables	Meat and Fish	Deli and Dairy
☐	☐	☐
☐	☐	☐
☐	☐	☐
☐	☐	☐
☐	☐	☐
☐	☐	☐
☐	☐	☐
☐	☐	☐
☐	☐	☐
☐	☐	☐
☐	☐	☐
☐	☐	☐
☐	☐	☐

Store Cupboard	Household	Other
☐	☐	☐
☐	☐	☐
☐	☐	☐
☐	☐	☐
☐	☐	☐
☐	☐	☐
☐	☐	☐
☐	☐	☐
☐	☐	☐
☐	☐	☐
☐	☐	☐
☐	☐	☐
☐	☐	☐

Meal Planner

	Breakfast	Lunch	Dinner	Snacks
Mon				
Tues				
Weds				
Thurs				
Fri				
Sat				
Sun				

Shopping List

£ ....

Vegetables	Meat and Fish	Deli and Dairy
☐	☐	☐
☐	☐	☐
☐	☐	☐
☐	☐	☐
☐	☐	☐
☐	☐	☐
☐	☐	☐
☐	☐	☐
☐	☐	☐
☐	☐	☐
☐	☐	☐
☐	☐	☐
☐	☐	☐

Store Cupboard	Household	Other
☐	☐	☐
☐	☐	☐
☐	☐	☐
☐	☐	☐
☐	☐	☐
☐	☐	☐
☐	☐	☐
☐	☐	☐
☐	☐	☐
☐	☐	☐
☐	☐	☐
☐	☐	☐
☐	☐	☐

Meal Planner

	Breakfast	Lunch	Dinner	Snacks
Mon				
Tues				
Weds				
Thurs				
Fri				
Sat				
Sun				

Shopping List

£ ....

Vegetables	Meat and Fish	Deli and Dairy
☐	☐	☐
☐	☐	☐
☐	☐	☐
☐	☐	☐
☐	☐	☐
☐	☐	☐
☐	☐	☐
☐	☐	☐
☐	☐	☐
☐	☐	☐
☐	☐	☐
☐	☐	☐
☐	☐	☐

Store Cupboard	Household	Other
☐	☐	☐
☐	☐	☐
☐	☐	☐
☐	☐	☐
☐	☐	☐
☐	☐	☐
☐	☐	☐
☐	☐	☐
☐	☐	☐
☐	☐	☐
☐	☐	☐
☐	☐	☐
☐	☐	☐

Meal Planner

	Breakfast	Lunch	Dinner	Snacks
Mon				
Tues				
Weds				
Thurs				
Fri				
Sat				
Sun				

Shopping List

£ ....

Vegetables	Meat and Fish	Deli and Dairy
☐	☐	☐
☐	☐	☐
☐	☐	☐
☐	☐	☐
☐	☐	☐
☐	☐	☐
☐	☐	☐
☐	☐	☐
☐	☐	☐
☐	☐	☐
☐	☐	☐
☐	☐	☐
☐	☐	☐

Store Cupboard	Household	Other
☐	☐	☐
☐	☐	☐
☐	☐	☐
☐	☐	☐
☐	☐	☐
☐	☐	☐
☐	☐	☐
☐	☐	☐
☐	☐	☐
☐	☐	☐
☐	☐	☐
☐	☐	☐
☐	☐	☐

Meal Planner

	Breakfast	Lunch	Dinner	Snacks
Mon				
Tues				
Weds				
Thurs				
Fri				
Sat				
Sun				

Shopping List

£ ....

Vegetables	Meat and Fish	Deli and Dairy
☐	☐	☐
☐	☐	☐
☐	☐	☐
☐	☐	☐
☐	☐	☐
☐	☐	☐
☐	☐	☐
☐	☐	☐
☐	☐	☐
☐	☐	☐
☐	☐	☐
☐	☐	☐
☐	☐	☐

Store Cupboard	Household	Other
☐	☐	☐
☐	☐	☐
☐	☐	☐
☐	☐	☐
☐	☐	☐
☐	☐	☐
☐	☐	☐
☐	☐	☐
☐	☐	☐
☐	☐	☐
☐	☐	☐
☐	☐	☐
☐	☐	☐

Meal Planner

	Breakfast	Lunch	Dinner	Snacks
Mon				
Tues				
Weds				
Thurs				
Fri				
Sat				
Sun				

Shopping List

£ ....

Vegetables	Meat and Fish	Deli and Dairy
☐	☐	☐
☐	☐	☐
☐	☐	☐
☐	☐	☐
☐	☐	☐
☐	☐	☐
☐	☐	☐
☐	☐	☐
☐	☐	☐
☐	☐	☐
☐	☐	☐
☐	☐	☐
☐	☐	☐

Store Cupboard	Household	Other
☐	☐	☐
☐	☐	☐
☐	☐	☐
☐	☐	☐
☐	☐	☐
☐	☐	☐
☐	☐	☐
☐	☐	☐
☐	☐	☐
☐	☐	☐
☐	☐	☐
☐	☐	☐
☐	☐	☐

Meal Planner

	Breakfast	Lunch	Dinner	Snacks
Mon				
Tues				
Weds				
Thurs				
Fri				
Sat				
Sun				

Shopping List

£ ....

Vegetables	Meat and Fish	Deli and Dairy
☐	☐	☐
☐	☐	☐
☐	☐	☐
☐	☐	☐
☐	☐	☐
☐	☐	☐
☐	☐	☐
☐	☐	☐
☐	☐	☐
☐	☐	☐
☐	☐	☐
☐	☐	☐
☐	☐	☐

Store Cupboard	Household	Other
☐	☐	☐
☐	☐	☐
☐	☐	☐
☐	☐	☐
☐	☐	☐
☐	☐	☐
☐	☐	☐
☐	☐	☐
☐	☐	☐
☐	☐	☐
☐	☐	☐
☐	☐	☐
☐	☐	☐

Meal Planner

	Breakfast	Lunch	Dinner	Snacks
Mon				
Tues				
Weds				
Thurs				
Fri				
Sat				
Sun				

Shopping List

£ ....

Vegetables	Meat and Fish	Deli and Dairy

Store Cupboard	Household	Other

Meal Planner

	Breakfast	Lunch	Dinner	Snacks
Mon				
Tues				
Weds				
Thurs				
Fri				
Sat				
Sun				

Shopping List

£ ....

Vegetables	Meat and Fish	Deli and Dairy
☐	☐	☐
☐	☐	☐
☐	☐	☐
☐	☐	☐
☐	☐	☐
☐	☐	☐
☐	☐	☐
☐	☐	☐
☐	☐	☐
☐	☐	☐
☐	☐	☐
☐	☐	☐
☐	☐	☐

Store Cupboard	Household	Other
☐	☐	☐
☐	☐	☐
☐	☐	☐
☐	☐	☐
☐	☐	☐
☐	☐	☐
☐	☐	☐
☐	☐	☐
☐	☐	☐
☐	☐	☐
☐	☐	☐
☐	☐	☐
☐	☐	☐

Meal Planner

	Breakfast	Lunch	Dinner	Snacks
Mon				
Tues				
Weds				
Thurs				
Fri				
Sat				
Sun				

Shopping List

£ ....

Vegetables	Meat and Fish	Deli and Dairy
☐	☐	☐
☐	☐	☐
☐	☐	☐
☐	☐	☐
☐	☐	☐
☐	☐	☐
☐	☐	☐
☐	☐	☐
☐	☐	☐
☐	☐	☐
☐	☐	☐
☐	☐	☐
☐	☐	☐

Store Cupboard	Household	Other
☐	☐	☐
☐	☐	☐
☐	☐	☐
☐	☐	☐
☐	☐	☐
☐	☐	☐
☐	☐	☐
☐	☐	☐
☐	☐	☐
☐	☐	☐
☐	☐	☐
☐	☐	☐
☐	☐	☐

Meal Planner

	Breakfast	Lunch	Dinner	Snacks
Mon				
Tues				
Weds				
Thurs				
Fri				
Sat				
Sun				

Shopping List

£ ....

Vegetables	Meat and Fish	Deli and Dairy
☐	☐	☐
☐	☐	☐
☐	☐	☐
☐	☐	☐
☐	☐	☐
☐	☐	☐
☐	☐	☐
☐	☐	☐
☐	☐	☐
☐	☐	☐
☐	☐	☐
☐	☐	☐
☐	☐	☐

Store Cupboard	Household	Other
☐	☐	☐
☐	☐	☐
☐	☐	☐
☐	☐	☐
☐	☐	☐
☐	☐	☐
☐	☐	☐
☐	☐	☐
☐	☐	☐
☐	☐	☐
☐	☐	☐
☐	☐	☐
☐	☐	☐

Meal Planner

	Breakfast	Lunch	Dinner	Snacks
Mon				
Tues				
Weds				
Thurs				
Fri				
Sat				
Sun				

Shopping List

£ ……………………………………

Vegetables	Meat and Fish	Deli and Dairy
☐	☐	☐
☐	☐	☐
☐	☐	☐
☐	☐	☐
☐	☐	☐
☐	☐	☐
☐	☐	☐
☐	☐	☐
☐	☐	☐
☐	☐	☐
☐	☐	☐
☐	☐	☐
☐	☐	☐

Store Cupboard	Household	Other
☐	☐	☐
☐	☐	☐
☐	☐	☐
☐	☐	☐
☐	☐	☐
☐	☐	☐
☐	☐	☐
☐	☐	☐
☐	☐	☐
☐	☐	☐
☐	☐	☐
☐	☐	☐
☐	☐	☐

Meal Planner

	Breakfast	Lunch	Dinner	Snacks
Mon				
Tues				
Weds				
Thurs				
Fri				
Sat				
Sun				

Shopping List

£ ....

Vegetables	Meat and Fish	Deli and Dairy
☐	☐	☐
☐	☐	☐
☐	☐	☐
☐	☐	☐
☐	☐	☐
☐	☐	☐
☐	☐	☐
☐	☐	☐
☐	☐	☐
☐	☐	☐
☐	☐	☐
☐	☐	☐
☐	☐	☐

Store Cupboard	Household	Other
☐	☐	☐
☐	☐	☐
☐	☐	☐
☐	☐	☐
☐	☐	☐
☐	☐	☐
☐	☐	☐
☐	☐	☐
☐	☐	☐
☐	☐	☐
☐	☐	☐
☐	☐	☐
☐	☐	☐

Meal Planner

	Breakfast	Lunch	Dinner	Snacks
Mon				
Tues				
Weds				
Thurs				
Fri				
Sat				
Sun				

Shopping List

£ ....

Vegetables	Meat and Fish	Deli and Dairy
☐	☐	☐
☐	☐	☐
☐	☐	☐
☐	☐	☐
☐	☐	☐
☐	☐	☐
☐	☐	☐
☐	☐	☐
☐	☐	☐
☐	☐	☐
☐	☐	☐
☐	☐	☐
☐	☐	☐

Store Cupboard	Household	Other
☐	☐	☐
☐	☐	☐
☐	☐	☐
☐	☐	☐
☐	☐	☐
☐	☐	☐
☐	☐	☐
☐	☐	☐
☐	☐	☐
☐	☐	☐
☐	☐	☐
☐	☐	☐
☐	☐	☐

Meal Planner

	Breakfast	Lunch	Dinner	Snacks
Mon				
Tues				
Weds				
Thurs				
Fri				
Sat				
Sun				

Shopping List

£ ....

Vegetables	Meat and Fish	Deli and Dairy
☐	☐	☐
☐	☐	☐
☐	☐	☐
☐	☐	☐
☐	☐	☐
☐	☐	☐
☐	☐	☐
☐	☐	☐
☐	☐	☐
☐	☐	☐
☐	☐	☐
☐	☐	☐
☐	☐	☐

Store Cupboard	Household	Other
☐	☐	☐
☐	☐	☐
☐	☐	☐
☐	☐	☐
☐	☐	☐
☐	☐	☐
☐	☐	☐
☐	☐	☐
☐	☐	☐
☐	☐	☐
☐	☐	☐
☐	☐	☐
☐	☐	☐

21184068R00060

Printed in Poland
by Amazon Fulfillment
Poland Sp. z o.o., Wrocław